얼마간은 불량하게

시에시선
036

얼마간은 불량하게

조하은 시집

詩와에세이

차례__

제1부

주문을 걸다 1 · 11
주문을 걸다 2 · 12
낙타야 가자 · 14
바오바브나무의 꿈은 질문의 건너편에 있다 · 16
맹어 · 18
돌고래의 꿈 · 20
민들레의 생존법 · 22
산수유피자 · 24
땅나리 · 25
폭우 · 26
문래동 골목 · 28
수아 · 30
수아꽃 · 32
비밀의 화원 · 34

제2부

독서의 기원 · 39
봄날을 접다 · 40
첫눈 · 41
나의 고향은 갈림길에 있었다 · 42
그렇게 배웠다 · 44
자화상 · 45
겨울을 지나는 법 · 46
동행 · 48
시간의 다큐 · 50
비문증 · 52
시간의 경계에서 · 54
하루를 펴다 · 56
그 언덕길 · 58
아득한 독법 · 60
꿈과 충돌하다 · 62

제3부

지게 · 65
짝 찾기 · 66
폭설 · 68
안부를 묻다 · 70
이별 후기 · 72
정말 죄송합니다 · 74
면목동 언니 · 76
판결문 · 78
낙원목욕탕 · 80
피로 도시 · 82
반쪽의 잠 · 84
침묵의 카르텔 · 86
침묵의 카르텔 부록 · 88
용서의 바깥 · 90

제4부

시 한 편 쓰고 잡시다 · 95
그래도 날아야지 · 96
아이에게 · 98
금강은 흐른다 · 100
불시착 · 102
빈들 · 104
안개는 끝나지 않았다 · 106
네모난 불안 · 108
폐장(閉場) · 110
타이밍 · 112
실종 · 114
성곽에 깃발은 펄럭이고 · 116
봄밤 · 118
피리 소리 · 120
푸른 시간은 금세 지나가고 · 122
가을이 쏟아진다 · 124

해설 | 나호열 · 127
시인의 말 · 143

제1부

주문을 걸다 1

그녀의 거친 목소리를 피해 기어들어 간 벽장
희붐한 어둠이 깜깜해질 때까지 꿈을 꾸고 싶었는데
터질 듯한 오줌보가 나를 밖으로 끌어냈다

어느 날 뾰족구두에 꽃무늬 양산을 쓴 여인이
나를 찾아오기를 기다리며
흙 묻은 고무줄 바지에 욕쟁이 아줌마란 호칭을 가진
그녀의 목소리를 견뎌냈다

끝내 치마 입은 엄마는 오지 않았고

벽장 속은 언제나 비밀스러운 모스부호처럼
한 번도 써보지 못한 단어들의 송수신으로 가득찼다

나는 잠시 맡겨진 아이야

소공녀를 읽으며 주문을 걸었다

주문을 걸다 2

삭은 가지처럼 마른 그녀의 목소리
주사 줄을 몸에 매단 채
오래전 떠나간 누군가를 부르고 있다
축축한 소리로
가락 하나를 풀어 던진다

목숨보다 더 귀한
사랑이건만*

손을 모으고
가슴을 모으고
입을 모아
지워진 단어들을 다시 모아
그 어느 날을 걷고 있다

연분홍 치마 지어드릴게요
이제 고통의 시간을 벗고 강을 건너가세요

안갯속에 허물어질 목소리로 주문을 건다

*박재란의 노래 「임」의 가사

낙타야 가자

1,892마리 낙타를 끌고
오늘 밤 사막을 횡단해야 한다

약속은 겨울 저녁처럼 빠르게 지나가는데
흐릿한 눈 안으로 들어와 숨어버리는 길
낙타는 자주 걸음을 멈췄다
먼지 낀 눈에 인공눈물을 넣어가며 재촉하지만
지그재그로 비틀거리거나
눈 깜빡할 새 다리 한 짝이 짧아져 있다

발자국을 지운 낙타는
모래바람 사이로 앙상한 뼈만 남기고 날아올랐다
손가락 끝에서 나온 피 한 방울이
어슬렁거리는 낙타를 순식간에 물들인다
공장장은 야간 연장이란 단어에 기가 몰려 있다
바늘이 낳은 낙타는 오늘과 내일을 나누는 경계에서
위태롭고 빈약하다

기계에 밀려 한물간 미싱자수
골프복 위에 낙타 한 마리가 새겨질 때마다
아무도 모르게 한숨을 꾹꾹 눌러 담는 손발은
밤새 부풀어 올랐다

새벽을 향해 걸어가는 발걸음 소리
창문이 덜컹거린다
바람이 사납다

바오바브나무의 꿈은 질문의 건너편에 있다

사막에 뿌리를 내린 것은 나의 의지가 아니었다

껍질이 벗겨지고 잎이 말라가는 긴 시간
휘청거리는 것이 모두 내게로 몰려온다

먼 곳을 생각하다 석양의 등에 올라타 길을 나선다

간간이 불어오는 바람에 불안을 감추고
별자리를 더듬어 돌아올 거리를 계산하며
달빛에 방향을 물어 남겨진 자리를 입력한다

가늘고 부드러운 흙이 발바닥을 간질이더니
어느새 돌처럼 단단하고 커다란 덩이가 막아선다
순식간에
가파른 절벽 아래 협곡 속으로 길은 숨어버린다

별빛에 취해 나선 꿈길
혼곤한 새벽이다

무엇을 찾아 어디를 다녀왔는지 묻지도 못한 채
돌아오는 동안 바람 소리는 질문을 덮었다

꿈의 문이 닫히고 다시 모래 속에 남겨진 몸에
땅으로부터 물을 끌어올리는 큰 숨이 깊어진다

맹어

캄캄한 동굴, 눈을 뜨고 두리번거렸지만
거슬러 오르거나 바다로 갈 생각은 하지 않았다

햇빛에 반짝이는 은빛 비늘도 화려한 지느러미도
잊었지만
이름만은 잊지 않았다

까마득한 어둠에 갇혀
생에 대한 질문을 다 소진한 채 구향동굴*을 맴돌았다

입구를 모르기에 출구도 알 수 없었다

무섭다가, 두렵다가
조금씩 녹이 슨 두 눈
마침내 우묵하게 닫아걸 수 있었다

더듬더듬 너를 찾다가
나는 내 눈에 글을 쓴다

끝내 집에서 나오지 못한 채
다른 세상으로 건너간
퇴화된 그림자를 생각하며
단어 없이 문장을 쓰는
나는

눈먼 물고기다

*중국 윈난성에 있는 동굴

돌고래의 꿈

물속에 오래 있을 수도
물 밖에 머무를 수도 없는 몸은
깨어 있는 채로 잠이 든다
공중으로 솟구쳐 오르는 그 순간이 비로소
돌아갈 수 없는 고향의 말(言)들을 불러보는 시간이다

삐이 삐이, 언제부터인지 몸속에서 신호가 들려왔다
물고기가 되지 못하는 물속의 존재가 보내는 시그널

깊은 심연에서 마주쳤던 누군가의 이름을
힘껏 뿜어내면
마른 등 사이로 까무룩 사라지는 일렁임
숨이 턱 밑까지 차오르도록 내달리고 싶은
태곳적 기억을
박수와 먹이에 가둬둔 채
빛처럼 빠르게 빠져나가는 시간 속에서
하늘이 잠시 문을 열어두는 찰나

나 살아 있는가

물과 허공 그 사이에 수직으로 매달린 바다의 말

솟구쳐 오를 때마다 점점 더 멀어지는
바다 저편의 기억

민들레의 생존법

아침이 되면 꽃잎을 열고
저녁이 되면 꽃잎을 닫았다

꽃잎 채 열기도 전에 발길에 밟히거나
갓털이 되기 전에 꽃받침이 스러져도
안간힘으로 다시 일어나 몸을 턴다

텅 빈 꽃대는 꽃이었던 기억을 물고 서 있다

바람이 꽃의 마음을 두드리면
바람의 등에 씨앗을 달고 어디로든 날아가야 한다
목적지 없이 나서는 길
가끔 아무도 원치 않는 길을 간다

외진 곳에 홀로 꼿꼿이 서 있거나
어딘가로 길게 돌아가고 있거나
백발이 된 머리로 바람에 흔들려 잊혀져가고 있거나
늘 경계를 섞고 있는 새의 영혼처럼

오래오래 한자리에 우뚝 서 있는
바오바브나무의 꿈을
생각한다

생의 절반이 바람이었던 그는
열 번째 항암의 터널을 통과하는 중이다

산수유피자

남원에서 밤재터널 지나면 구례 산동마을이다
삼양동에서 난곡동 봉천동을 두루 거쳐
부천 원미동을 지나도록 끊임없이 따라다니는
붉은 독촉장을 다 떼어내지 못한 채
구부러진 걸음으로 찾아온 골짜기
속도를 잡지 못해
이랑마다 잡초가 한 바지개다

지나간 시간의 열렬한 문장은
제 향기에 취해 있던 지난밤의 치기였다고
붉고
떫고
시큼한 이야기 다 품어 안은 봉성피자집 봉성 씨는
산수유피자 도톰하게 구워내고 있다

지리산 산수유피자
인생도 피자

땅나리

밤새 내린 폭우에
백우산 산자락
땅나리 붉은 옷이 흠뻑 젖었다

꽃망울 미처 열지 못하고
멀리 떠내려간
옆자리 친구의 뿌리

땅을 향해
한껏 귀를 부풀리면

더 간절해지는
하늘을 향한 한마디 끝내 가슴에 묻고

젖은 편지 한 장 들고 오래 서 있다

산이 보낸 꽃 편지를 나는 아직 읽지 못했다

폭우

밤사이 컨테이너로 뱀들이 기어들어왔다

여우 오줌만큼 내리던 비를 원망하던 것이 엊그제
갑작스런 폭우에 미처 산으로 피하지 못해
둥둥 떠내려가는
염소와 닭을 우두커니 바라보는 아침

강물은 휘청거렸다
젖은 신발을 벗지도 못하고
쏟아지는 빗속에 혼이 흔들린다

백우산 골짜기를 타고 내려온 안개는
강물에 뒤엉켜 달라붙었다
뭉텅뭉텅 뽑혀나간 나무뿌리도 기척 없이 떠내려갔다

낭만은 검붉은 강을 가로질러 달려오던 물살 틈으로
빠르게 떠내려가고 있었다

젖은 풀섶을 휘휘 헤치며 뱀들은 제 집으로 돌아갔다

나의 일상을 강타한 폭우는
황톳물이 되어 소용돌이치고 있다

문래동 골목

쇳소리 사이사이 나타났다 사라지는 골목
붉은 쇳물을 부으며 자식들을 길러낸 김씨의 생은
아직도 메질과 담금질 속에서 미로처럼 어지럽다

색 바랜 간판들이 하품하는 사이
은밀하게 알파벳 이름의 간판이 걸리고
전신주 사이로 높은 벽이 소리 없이 올라간다

떠난 사람이나 남아 있는 사람이나
스며드는 낯선 물결에 뒤척임이 많아지는 밤
기계 소리와 스테이크 굽는 냄새가 뒤섞여
오래된 담벼락을 뱅뱅 돌고 있다

장사가 잘되면 임대료가 오를까
아래층 식당에서 밥을 먹지 않는다는
책방 주인의 말이
입구까지 고딕체로 따라나선다

빗장을 푼 골목은
숙련공처럼 휘거나 구부러진 청춘들을
알맞게 잘라내고 둥글게 말아
내일로 가는 숨을 고르고 있다

별똥이 밤하늘을 길게 건너가고
골목 귀퉁이에서는 까마중이 꽃을 피워내고 있다

수아

그는 잠을 자지 않았다
벽에 비스듬히 기대앉아 창밖을 바라보거나
복도로 나가는 출입문의 열쇠 구멍을
오래 들여다보았다
잠을 자는 듯 깨어 있는 듯
자장가 한 구절을 웅얼거리고 있다

잘 자라 우리 수아 잘 자라 우리 수아

딱 한 구절에서 멈춰버린 자장가

새들도 꽃들도 잠들지 못하는 그의 창가
지상의 모든 창을 열어두고
딸의 이름 앞에 멈춰 서 있다

꿈길에서 만날까 깨어 있지 못하고
혹 잠든 사이 다녀갈까
어제와 오늘을 꿰매지 못하는데

풀어 헤쳐진 기억 속에 빛나던 눈빛
잠시 있었던가

기다림을 넘어 계절은 지나가고
입원 차트가 두꺼워지는 속도로
환자복은 점점 헐렁해지고 있다

태풍이 몰려와
나무의 한 생애를 흔들어대고 있다

수아꽃

새털 같은 작은 손에 꽃잎 한 줌 올려주었지
꽃이 꽃잎을 후, 후 불더구나
흩어지는 꽃잎을 따라가며 까르르 웃던 너

꽃잎은 왜 떨어져요
꽃잎은 바람을 털어내려고 몸을 비트는 거란다

꽃잎이 떨어지는 동안
수국 꽃송어리처럼 너의 말도 부풀어 올랐지
뜰에 있는 부레옥잠도 둥글게 잎을 말고
엿듣고 있었단다

병든 아비 남겨두고
제 어미의 손에 이끌려 먼 도시로 숨어버린 작은 꽃

프놈펜 변두리에서 만난 눈에 익은 너의 신발은
정물처럼 더 이상 움직이지 않았다

지금 너는 어느 언어로 엄마를 부르며
말의 꽃을 피우고 있을까
외딴집 처마 밑에서 바르르 떨고 있지는 않니

달싹거리는 입술을 열어
고모, 라는 호칭으로 내 심장을 포박한 너를 불러본다

수아야
천둥 번개 우르르 몰려다녀도 꽃은 꽃으로
다시 피어난단다

뜰에 남겨진 부레옥잠은 올해에도
잎과 잎 사이에서 잎을 낳고 있단다

비밀의 화원

가슴에 들어앉은 혹이 작아졌다 커질 때
지네가 돌 틈에서 꿈틀거리던 꿈이 떠오른다

무화과나무와 케이폭나무가 나란한 숲을 지나니
스펑나무 뿌리들이 하늘을 향해 뻗어 있다

허공이 불안하다
왕국을 무너뜨린 것은 나무의 뿌리
완강한 자세로 유적을 제압하고 있다

따프롬*의 신들과 무희를 대동하고
천 년의 고요가 깨어난다

신이 정성을 다해 꾸민 정원에서
벌거벗은 치부를 나뭇잎으로 가려야 했던 그날도
이렇게 아득한 길이었을까

열대 문명을 헤치고 나타났던 거대한 돌의 미소 속에

서

   감쪽같이 사라져버린
   크메르인들의 피리 소리가 들려온다

   한 번쯤 상상의 섬처럼 사라지고 싶었던
   고대의 사원에서 영원한 것과 영원하지 않은 것이
   뒤섞여 있는 이야기를 더듬고 있다

   스콜이 회오리처럼 일어섰다

   맹그로브숲을 닮은 한 무리의 아이들이
   바람 속으로 걸어간다
   어디선가 날아온 풀씨들이
   사원의 벽 틈새를 비집고 들어간다

   사라지지 않는 문장을 은밀하게 가슴에 묻는다

   *캄보디아 앙코르톰 동쪽에 있는 사원

제2부

독서의 기원

 오라비는 둘둘 말은 선데이서울을 바지 뒷주머니에 반쯤 집어넣은 채 불쑥 나타나곤 했다 겉장이 나달나달해진 그 속에는 뭔지 모르지만 알 수 없는 간질간질한 것들이 숨어 있었다 가슴과 허벅지를 다 드러낸 여자가 다리를 꼬고 게슴츠레 풀린 눈으로 나를 쳐다본다든지 머리를 빵빵하게 틀어 올린 흑장미라는 이름을 가진 여자의 연재소설이라든지 가끔 친구들을 모아놓고 소공녀나 퀴리부인 이야기를 들려주었는데 아이들은 그녀들의 컬러사진보다는 가슴 볼록한 여자들의 몽롱한 눈빛을 더 흥미로워했다

 공사판을 떠돌던 오라비가 금방 책 속에서 나온 듯한 여자를 데려오면서 나의 은밀한 독서의 방은 문을 닫고 말았다 못다 쓴 일기의 마지막 장처럼 동공에 일렁이던 부호들에 마침표를 찍을 수 없었다

 마침표를 찍지 않은 문장은 끊임없이 흔들렸다
 얼마간은 불량하게

봄날을 접다

장롱 안 구석에서 누렇게 바랜 드레스를 꺼내
재활용 수거함에 넣는다

해마다 뻐꾸기 울 때면 한 번씩 찾아와
마지막 악보를 넘기던 손가락에
감기던 봄날

깊어지는 초록의 울음소리
흔들렸던 계절을 접는다

또르륵,
주인 잃은 큐빅 하나 바닥을 구른다

달개비나 개여뀌는 잔잔하게 그들의 계절을 피워내고

서둘러
봄은 가고 있고

첫눈

육성회비 봉투를 비어 있는 채로 들고 간 날
등을 떠민 담임선생님은
빈 봉투 대신 들고 온 날고구마로
내 머리통을 후려쳤다

빈 봉투와 생고구마가 날아오르던 교실에는
숨소리조차 들리지 않았다

의자를 들고 벌을 섰다

미열이 온몸으로 흘러들어와 마구 돌아다녔다
헛것이 보였다
운동장 귀퉁이 사시나무도 시름시름 앓았다
달아오르는 날이었다

창밖에는
첫눈이 내리고 있었다

나의 고향은 갈림길에 있었다

철 이른 들꽃들이 순서 없이 피어나
무더기로 모여 있거나
모란이나 작약이 스스로 향기에 취해
몽롱해지는 작은 골목
뜨겁지는 않지만 따뜻하던 동네는
갈림길 사이에 있었다

청양 대천, 유구 예산 가는 삼거리
시내버스 시외버스 수없이 오갔지만
새로이 터를 잡는 이 아무도 없었다

마을 앞 고령산에 진달래 피고 지고
산 아래 유구천 말없이 금강으로 흘러갔다

청양 대천 가는 이 그 길로 가고
유구 예산 가는 이 그 길로 갔다

마을 안쪽 공동 우물에 뚜껑이 덮이고

불내를 풍기던 뜨끈한 구들장은
아침마다 울던 딱따구리 소리와 함께 사라졌다

사람들은 짐을 싸기 바빴다
가다가 쓱 한번 뒤돌아보고는
휘돌아나가는 바람처럼 먼 곳으로 흩어져갔다

감나무는 자꾸만 꼭지를 아래로 툭, 떨어뜨렸고
한쪽만 남은 대문은 어스름 속을 삐걱거렸다

그렇게 나 역시 갈림길을 지나가고 있었다

그렇게 배웠다

육성회비가 없어 집으로 쫓겨 가던 날 밤
우 우
비바람이 불었다

우산 없는 운동장에 우라질, 비가 쏟아졌다
숙자 엄마가 싸다 준 거한 저녁 식사에 배부른 담임은
이미 숙직실이 떠나가라 코를 골 것이다

담임선생의 서랍 속
중간고사 답안지도 같이 잠들어 있을 것이다

천둥 속에서 노랫소리가 들려왔다
우 우

중간고사 1등을 했다
복수란 단어의 뜻을 그렇게 배웠다

자화상

내가 아는 나의 죄와
당신이 아는 나의 죄와
내가 모르는 나의 죄와
당신이 모르는 나의 죄마저
낱낱이 꺼내놓는 밤
백스페이스키와 삭제키가 없는 자판 위
어딘가를 지나고 있다

버그다

겨울을 지나는 법

웅크린 이름이 달아날 곳 없다

개인회생 제6호 법정
아내의 원망과 아이들의 외면이 겨울바람을 타고 와
성공과 실패의 중간지대에 둥둥 떠 있다

단 한 번도 편히 뛰어보지 못한 심장
화석처럼 굳어지는 시간
몸을 세워주던 뼈들 뚝, 뚝 꺾이는 소리
한 개비의 담배 간절하다
말아 올린 연기 따라 하늘로 올라갈 수 있다면
멀리 달아날 수 있다면

좁고 길게 달려들던 이방인의 겨울은
한 겹 두 겹 두꺼운 외투를 벗는 동안
다시 사는 언어를 입을 수 있으려나

봄꽃이 떨어져 쌓이는 시간 봄은 잠깐 외출했다

치욕이라는 이름의 틈새에서
회생이란 단어 하나 받아들면
낙타 등처럼 구불구불하던 시간들
주춤주춤 물을 채운다

동행

목적지를 지나쳐
멀리까지 달려온 것을 알게 되었을 때
어디만큼 왔어요?

이정표 하나가 지날 때마다
딱히 대답을 기다리지 않는 질문은 하나씩 늘어난다

나의 질문의 방식은 늘 그랬다
더 먼 곳으로 달려가기만 하던 질문은
질문을 삼키며 빙그르르 돌고

작은 몸에 커다란 단어를 구겨 넣으며
동굴에서 마늘을 먹었지

기호가 하나 모자란 단어를 채웠을 뿐
동행이란 말은 찾을 수 없었다

그녀의 남자란 말은 차라리 얼마나 솔직한가

누군가의 동행을 빼앗아간 그 동행은
얼마나 완벽한 동행인가

이제 동행이란 말을 사전에서 지운다

시간의 다큐

긴 시간 말을 걸어오지 않던 뼈들이 소란한 아침

둥근 통 안에서 뼈의 이력은 낱낱이 기록된다
닳고
구부러지고
떨어져 나간
한 생의 흔적이 고스란하다

빈둥거리지 않은 뼈를
의사 선생의 책상 위로 불러내고 나서야
심상찮던 시간을 한가로이 바라본다

뼈와 뼈 사이 그 좁은 공간
채울 수 없는 것을 채우기 위해
우리는 오늘도 어딘가를 지나고 있지

속절없이 허기가 진다

지친 몸을 쓰다듬으며
비로소 맑아지는 푸른 기억

비문증

눈에 파리가 날아다녀요

작은 날파리부터 온갖 날개 달린 것들이

날아다닐 겁니다

의사는 덤덤하게 말했다

딱히 약은 없습니다

너무 많이 보려고 하지 마세요

시력은 점점 떨어질 겁니다

문 닫는 눈물 공장을 지나

막막한 망막을 지나

수없이 많은 날갯짓으로 다가오는 늦은 오후

빛과 어둠의 변주곡을 들으며

집으로 돌아가는 길

물결처럼 번지는 눈부심의 뒤편에

눈을 감아야 보이는 것들이

돋아나고 있다

시간의 경계에서

가장 뾰족한 시간을 넘었다 생각했는데
시간은 넘는 것이 아니라
어쩌면 나무처럼 몸에 새기는 것이었는지도

새순이 올라올 때의 그 간지러운 설렘이
몸을 적실 때에도
엇나간 박자가 삶을 두들겨댈 때에도
당신과의 추억은
나를 숨 쉬게 하는 마술

세상에서 가장 지루한 시간과
가장 빠른 시간이 만나는 지점에
오늘은 서 있다

어쩌면 세상은
두 눈 감을 때 품고 갈 마지막 이름과
지우고 싶은 시간 속에 있는 사람 사이의 전쟁

천사의 날개와 반월도를 들고
시간의 신을 베고 싶은 오늘

시간의 속도는 가차 없다

하루를 펴다

지친 하루를 세탁통에 넣는다
햇볕에 남은 찌꺼기를 마저 털어버린다

거실 바닥에 한가득 흐트러진 삶의 조각을
반듯하게 펴놓아야 할 시간
큐브의 색깔대로 맞추기는 쉬운 일이 아니다

한쪽을 다리고 나면 반대쪽이 구겨져 있고
한 줄이던 주름은 어느새 두 줄이 되어 있다

온도를 높이고 스프레이를 듬뿍 뿌려
꾹꾹 눌러주지만
여전히 구김은 남아 있다

꼬깃꼬깃한 서츠의 이력과
늘어나 버린 무릎의 고단함을 펴는 아침
다시 깨어난 옷들이
당당하게 현관문을 걸어 나간다

하루는 문밖 가득 열려 있다

그 언덕길

멀리 떠났다고 생각했는데
서 있는 곳이 다시 이 자리

오래전부터 서 있던 느티나무
이제는 공주(公州)를 한눈에 품었다

나무 아래 서서
할 수 있는 건 아무것도 없었던 시간 속을 걸어본다

수업료를 주지 못하고 들일 나간 아버지를
멍하니 바라보다
힘겹게 고갯길 올라서던 날

나무는
아무도 없는 운동장을 네 바퀴째 돌고 있는 내게
제 몸을 열어 연둣빛 이파리로
흔들리는 머리카락을 쓸어 넘겨주었다

굵어진 나무의 허리에 기대어
어느새 하늘빛 적요 속으로 나도 함께 넘어가고

너무 오래 흔들리지 말기를

사막에서 돌아온 소년처럼
물을 담고 바람을 담아
세월 내내 여기로 걸어왔나 보다

영명학교* 언덕길

*1906년 설립된 충남 공주시에 있는 중고등학교

아득한 독법

청보리 수런거리는 오월의 밭을 지날 때나
늦가을 낡은 소매에 영혼이 깃들 것 같은 날
낮과 밤 사이에서 나의 걸음은 보풀이 일었다

똑바로 걷는 법을 잊어버리는 두 다리는
일생이 느렸고 어디든 멀었다

지칭개나 망초 순을 따며
여린 것들이 살아남는 방법은 무엇일까 생각했다

깊은 강바닥 어둠 속에도 생의 질문이 흘러가듯이
물안개 피어오르는 강가에서 겨울나무는
은유를 낳는다

반듯하게 걸어도
여전히 한쪽으로 기우는 걸음의 방식도
통점마저 제 안으로 끌어안아
아침을 일으키는 들풀도

꽃이었다고

서쪽 하늘 붉어지는 저녁마다
짧은 발목에 굵어진 생의 이야기를
은총으로 읽는 아득한 날

다 잃어도 홀로 떠나는 짐승처럼
절룩이며 걷는 나의 삶은
누구보다 올곧은 직립의 걸음이었다

꿈과 충돌하다

밤인지 새벽인지 모호한 시간
벗은 몸을 파스텔 톤으로 비춰주는 욕실 거울 속에서
아련함과 사실 사이의 경계를 바라본다

기억할 만한 봄날은 어디에도 없다
얼토당토않은 박자가 쉰 살의 시간을 두들겨댈 때
몸을 동그랗게 말고 있는 고독이 타일 위로
뚝뚝 떨어졌다

심장과 뇌의 온도가 달라 가려운 뿔들이
불쑥불쑥 자라났다

날마다 기울어지는 세이렌의 노랫소리가 들려왔다

잠으로 가는 길을 몰라 날마다 잠과 충돌했다

바람이 몸 안을 들쑤시고 있었다

제3부

지게

삼십 리 길 나뭇짐 져 날라
부잣집 땔감 다 대던 아버지
땅 열 마지기 사는 데
십 년이 걸렸다

마지막 삭정이 단 부려놓고
별빛을 지고 오던 아버지의 지게에는
으름 다래 덩굴이 눈치 없이 싱싱했다

구불구불하던 논두렁을 말끔하게 정리한 후
백일홍 꽃나무 베개 삼아 곤한 잠 드셨다
새로 덮은 뗏장 이불 볕을 끌어당긴다

따라놓은 막걸릿잔 위로
어디선가 나비 한 마리 날아든다
이제야
저리 가벼울 줄이야

짝 찾기

웃으며 걸어 들어간 병원에서
쉬이 나오지 못하는 사이
드라마처럼 회사를 도둑맞고 알거지 신세가 된 그

남의 것이 돼버린 건물 창고에
산더미처럼 쌓여 있던 구두를 정리하는 중이다

사이즈를 겨우 맞추면 깔창이 없고
깔창이 있으면
한 짝만 있거나 밑창이 입을 벌리고 있다
가죽은 해졌고 반질거리던 장식들은
빛바랜 채로 너덜거리며 붙어 있다
꽉 조인 신발 끈처럼
속절없는 슬픔이 몸을 바싹 조여온다

자세히 보면 한 몸에 달려 있는 발도 짝짝이다
정교한 줄자로 거듭해 재도 오차는 있다

맞지 않는 짝으로 걸어가는 길
서로를 읽지 못하는 사이
물집과 티눈이 교대로 찾아왔다

낡은 창고 귀퉁이에서
짝 맞는 한 켤레의 구두를 찾고 있는 오늘,
갈라진 벽 틈으로 들어오는 햇빛 한 조각에게
절망의 짝은 나였느냐고 묻고 있다

폭설

아버지는 아침과 저녁에 논두렁을 한 바퀴씩 돌았다

아버지의 사계절은
바다에서 막 증발된 육각형의 소금꽃이 피고
소금꽃은 논밭에 박혀 어석거렸다

땅문서를 꼭 쥐고
숨이 차도록 뛰어오던 날
초가지붕도 덩달아 들썩거렸다

빠진 어금니에 드나들던 바람이 먼 길을 떠나고
주인 없는 못자리
끝내 영글지 못한 낟알들은
물색없이 헛발질만 해댔다

아버지의 생이 고스란히 담긴 누런 종이 몇 장
남의 손에 넘겨주고 돌아서는데
폭설이 내려

길이 막힌다는 뉴스가 무심하게 흘러나온다

두만강 푸른 물에 노 젓는 뱃사공*
아버지가 즐겨 듣던 옛 노래를 틀어놓고
그 물살에 어딘가로 한없이 흘러가고 있다

*김정구의 노래 「눈물 젖은 두만강」

안부를 묻다

불빛이 나무를 통과하고 있는 시간
뭉툭해진 단화 한 켤레
나무 밑으로 터벅터벅 걸어가고 있다
비바람에 수북이 쌓인 나뭇잎 위에
밀봉해둔 발을 잠시 꺼내 안부를 묻는다

침묵하는 내일은 고시원 작은 방에 널려 있다
달콤했던 꿈은 창밖에 어슬렁거리고
점점 더 어두워지는 골목

며칠 전 폴리스 라인이 둘러지고 발소리 바쁘더니
위층 9급 공무원 고시생이 투신했다며
주인은 투덜거렸다

불안이 뭉텅뭉텅 살을 찌우는 밤
옆방일까
울음인지 웃음인지 모를 흐느낌
합판에서 튕겨 나온 못처럼

벽 속에서 비틀거리며 녹슬어간다

꿈을 삼킨 골목에
가로등만 졸고 있다

이별 후기

먼 나라에서 시집온 새댁에게
돈보다 사랑을 주려 했던 것은 실수였는지 몰라
겨우 한글을 깨치는 아이를 데리고
그녀는 모국어를 찾아갔지

감자를 캐며 살포시 웃어주던 그 웃음은
감자꽃보다 더 하얗게 맑았는데
그녀가 떠난 밭이랑에는 서툰 발음만 떨어져 있다

그가 행복을 손잡을 때 그녀는 이별을 손꼽았을까

물렁한 슬픔을 토해내면
뜨거운 기운이 목울대를 밀고 올라오지

봉숭아 꽃잎 겹겹이 쌓여 가는데
지워지지 않는 웃음소리

그리움을 길게 빻아 빈방에 들여놓고

후드득 빗소리에 발소리 섞였는지 창문을 열어본다
무심한 바람만 휘돌다 간다

그는 이별을 연습하는 중이다

정말 죄송합니다

푸른 꽃과 구릿빛 냄새가 뒤척이는 장판 위에서
지상으로 향한 창에 새 한 마리 그리고 싶었다

지하 단칸방의 공기가 숨기고 있는 습기 속에서도
그저 한 번씩 웃으며 살아가기를

며칠 동안 물만 구경한 위장은
먼 곡절처럼 휘청거렸다
점점 몸과 분리되는 어떤 그림자 사이로
텔레비전에서는 곱게 차려입은 연예인들이
덕담을 주고받았지

내려가는 계단을 밟고 출근하는 상상을 하며
내일로 가는 계단을 오르던 주머니에는
세상을 향한 슬픔이 꼬깃꼬깃 접혀 있었다

길을 떠나기 전 또박또박 눌러쓴 편지 한 통

정말 죄송합니다
마지막 집세와 공과금입니다*

더 내려갈 곳 없는 방에서 살았다는 그녀를
TV 뉴스에서 만났다

나의 20대가
그녀의 창틈에서 걸어 나오고 있었다

*송파 세 모녀 자살 사건의 유서 내용

면목동 언니

억(億) 소리 나던 덩치 큰 기계를 팔아 치우고
삼십만 원짜리 중고 재봉틀을 들여놓은
면목동 언니

기십 명 하던 직원들은
뿔뿔이 제 갈 길 갔는데
삼십 년 밥 먹여준 기술
차마 버리지 못하고
미용실 귀퉁이 뒷방으로 내려앉은 뒤
모자에 챙을 박는 미싱사가 되었다

눈꺼풀 덮여가는데
드르륵— 드르륵—
손가락 굳어가는데
드르륵— 드르륵—
쉬지 않고 도는데
드르륵— 드르륵—

하루종일 박아도
딸애 등록금은 어림도 없다

재봉틀
면목(面目)이 없다

판결문

면역억제제를 먹는 그는 가끔
에러 난 프로그램처럼 널브러진 자신을 보곤 한다
몸뚱이에서 쓱 빠져나온 또 하나의 그는
기척 없이 누워 있는 몸을 바라보며
호흡을 확인하는데
예고 없이 들이닥친 채권자처럼
몸을 따고 들어와
몸 곳곳에 빨간 딱지를 붙인다
몸이 지은 부채, 저당 잡힌 통증
채무를 갚기 전에는
지긋지긋한 통증의 추심에서 탈출할 수 없다
매일 날아오는 상환 내역서의 목록에는
결제일과 숫자가 빼곡하다
마비와 고통의 임계점을
어떤 방식으로 읽어야 하는 것일까
식어가는 몸 어느 귀퉁이에서
집행관의 목소리 들려온다

피고 K의 통증의 질량은
진통제 1,095알에 낙찰되었습니다

예의도 목차도 없는 판결문은 타이핑되고 있다

통증 판결문
탁 탁
탁 탁 탁

낙원목욕탕

간이침대에 축 늘어져 누워 있는 이브들
세신사의 박수 소리에 알아서 척 척 돌아눕는다
번호표를 받아들고 때를 불리기 위해
온탕과 냉탕을 들락날락 바쁘다
몸은 탕 안에, 눈은 탕 밖에
드나드는 이브들을 흘깃 곁눈질한다

허리와 배가 구분이 되지 않는 아랫배가 출렁거린다
세상 끝까지 곧을 것 같던 갈비뼈는 휘어 있고
꼿꼿하던 두 다리는 안으로 길을 잡았다

세상의 모든 꽃이 환하던 에덴동산
애초에 낙원이었을 물속에는
가죽옷을 입었을 때 환(幻)이었다는 것을 잊은
이브들이 날개를 닦고 있다

네가 어디 있느냐

추방의 질문이 떨어질 때
낙원 밖으로 뛰쳐나가려는 아담의 후예들은
이름을 잃었다

기호로 된 나의 이름이 불려진다

퇴화된 꼬리뼈에서 사과꽃처럼 뽀얗게 날개가 돋고

피로 도시

아침이 열리면 터널을 따라 수없이 돌고 도는 사내들
이 도시에는 넘어야 할 벽도 열어야 할 문도 많다

힘없는 자에게 벽은 벽일 뿐 문이 되지 않는다
벽 앞에서 문을 두드리거나
문 앞에서 벽을 두드리는 자
차갑고 무거운 것들 앞에서
아침과 저녁은 하나의 사선으로 읽힌다
두들기고 누르고 쥐어짜는 사각의 링에서는
시끄러운 다툼만 널브러져 내일이 보이지 않는다

거대한 터널에 갇힌 이들은
이곳으로부터의 탈출만이 꿈이다
손가락 마디만큼 빛의 구멍을 뚫어보지만
쏟아져 들어오는 것은 어둠뿐
웅크리고 스러지는 것들은 오늘을 해석할 수 없다

어딘가에 쉴 곳이 있으리라

꼬리에 꼬리를 물고 그저 걷고 있는 투명인간의 행렬
흔들리는 생의 오타들
따뜻한 햇볕에 닿고 싶은 바람은 여전히 불투명하다

한 사내가 아홉 명의 가족을 끌고
모래바람 부는 사막을 지나는 중이다

반쪽의 잠

유월의 한가운데를 기어가는 독 오른 뱀
사립문을 넘어 멍석 끝에서 낮잠 든 아이를
스윽 훑고 지나간다

시간의 돌을 하나하나 뺄 때마다
검게 그을린 기억의 주머니가 출렁거린다

외양간에서 연기가 솟아오른다
묶인 소의 꼬리는 반쯤 탔다
멍석 끝에는 불길에 그을린 작은 그림자만
놀란 눈을 끔벅이고 있다

꿈은 계속되었다

뱀은 머리맡을 스쳐가고
노려보고
불난 집 마루 끝에서 자지러지던 다섯 살

불길의 원인은 밝혀지지 않았고
근질근질한 전류를 오래도록 견디는 방법은
꿈을 꾸지 않고 잠이 드는 것

수십 년이 지나도록
숨바꼭질은 끝나지 않았다
저기, 불길이 보인다

침묵의 카르텔

일 년 열두 달 피는 박꽃이 있었다

골목의 사내들이
박꽃의 치맛단을 따는 밤이면
멀리서 비명 들리고
옷섶이 찢어진 구름 한 조각
지붕 위로 허옇게 올라갔다

바람이 은밀한 이야기를
골짜기로 몰아넣으면
골목 끝 지붕 위에는 박꽃이 피고 졌다

그러던 어느 날
밤마다 헤실헤실 달 보며 별 보며
이야기를 주고받는다는 박꽃,
배가 점점 둥글어지기 시작했다

골목 안 사람들은 박 속이 궁금했다

박꽃이 어딘가로 사라져
박 하나를 낳았다는 소문이
골목을 건너다녔다

박꽃은
다시 골목의 품으로 돌아오지 않았다

아비가 누구였는지는
아무도 이야기하지 않았다

침묵의 카르텔 부록

봄이 꿈틀거리며 마당으로 들어오면
옆집 옥이 언니는 마당을 쓸거나 빨래를 하거나
담장 밑 꽃나무에 물을 주곤 했다
가방을 들고 학교에 가는 나를
부러운 듯 바라보던 언니
교복 한번 입어보지 못하고
영등포 어디쯤인가 식모란 이름으로 자리를 잡았다

주인집 여자,
남편의 아이를 가진 언니를 서둘러 결혼시켰고
언니는 자고 일어나면 여기저기 멍이 든 얼굴로
아침밥을 차리곤 했다는데

퉁퉁 불은 젖을
꼬질꼬질한 옷 보퉁이에 비비며
역전 귀퉁이에 앉아 있더라는
소문이 바람처럼 지나갔다

입속과 입술 사이를 빙빙 돌며
비밀에 찬 몸속 깊은 곳에서 이스트처럼 부풀어 오른
언니는
닻을 거두어 먼 길을 떠나고 말았다

그녀가 홀로 품고 갔던 말들이
뉴스에서 미투(Me Too)라는 이름으로
펑펑 쏟아지고 있다

용서의 바깥

늦가을 공원에 티격태격하는 어린 연인
헝클어진 여자의 머리카락 사이로
붉은 햇빛이 돌아서고 있다

익숙한 골목에서 우연히 마주쳤던 그날
너의 팔목에 매미처럼 붙어 있던 단발머리

주먹을 꽉 쥐었고 골목 밖으로 내달렸다
파도치는 감정을 단속하자
신발이 벗겨진 한쪽 양말 속에서 피가 배어 나왔다

미안하다고 말하면 나는 어떻게 해야 하나

용서라는 말을 전송하고 싶었지만
내보내지 못한 회색 마음이
자꾸만 팔을 잡아당겼다

용서의 바깥으로 나올 수 없었다

바람이 잠잠해지고
새로운 풀꽃 하나 자라나 흔적을 지우고 있었다

제4부

시 한 편 쓰고 잡시다

시인들이 나란히 누웠다

창호지에 스며드는 빛과 어둠의 의미를 따라
예까지 왔노라
손금보다 더 복잡한 인생이 시를 쓰게 만들었노라
지나간 연인에게 보내는 부치지 못할 연서였노라

시와 당신과 오늘에 대해 시시하게 미소 짓는 날

"시 한 편 쓰고 잡시다"는 모 시인의 말에
쪼르르 일어나
노트와 펜을 찾거나 전화기의 메모장을 여는 시인들

멀뚱하니 일어나 화장실로 향하며 던지는 말

"쉬 한 번 싸고 자자니까요"

웃음의 곡선이 길어지는 밤이다

그래도 날아야지

한옥마을 화장실 처마 밑에 집을 짓던
제비 한 쌍
집이 헐린 후 화장실 백열등 갓 위로
거처를 옮긴다

바람 위에 잠이 들고
허공에 꿈을 짓는 적막한 몸짓
흔들림은 일상이다
가을이 되면 떠날 집인데
흙벽도 아닌 곳에 마른풀로 기초를 다지고
지푸라기와 진흙을 물어오고 또 붙이는
애달픈 건축은 좀처럼 끝나지 않는다

먼 곳에서 불어온 바람이
내일을 뚫고 갈 날개에
기척 없이 들어와 눕는다

날아야지

그래도 날아야지

아이에게

이왕이면 고운 말들만 골라서 알려줄게
꽃이라든지
별이라든지
꿈이라든지
날개라든지

이왕이면 고운 소리들만 골라서 들려줄게
쿵쿵 심장이 뛰는 소리
까르르 웃는 아이들 웃음소리
사랑하는 사람의 이름을 싣고 달리는 기차 소리

스스로 찾아낸 언어의 조각들이
가슴에 스며드는 순간
새를, 푸른 하늘을, 싱싱한 바람을
너의 가슴에 빠뜨려보렴

따뜻한 햇살을 한 올 한 올 풀어
빛의 문장을 만들어보렴

세상의 문을 열고 나온 너에게
가슴에 담아놓은 둥근 보름달을 꺼내줄게

사월 들판에 나들이 나온 아지랑이 같은 너

금강은 흐른다

바다에 닿으리라는 희망이
바람과 새들의 어깨에 닿았을 때
물속 생명들의 맥박은
서해의 품에서 펄떡임으로 화답했다

산그늘 따라 물길이 모여들고
그 길 따라 몸짓이 커지는 물고기들
지느러미 안쪽에서 근질거리는 날개를 읽느라
소란하다

깊은 산 작은 샘물에서 시작되어 흐르는 강물은
몸집을 불려가며 바다로 흘러간다

먼 어느 날부터 물속 어디쯤에 머물러 있는 이야기
그저 흘렀으면 좋았을 일
내딛는 곳마다 땅을 적시며 삶을 품는다

포승줄에 묶인 곰나루의 녹두장군을

낙화암 아래에 말없음표로 묻으며
견디며 흐른다는 것에 대해 질문을 던져본다

물은 바람처럼 바람은 물처럼
흔들림에 아랑곳없이 멀리 돌아 마지막 닿은 여기

금강은 흐른다

불시착

열린 문틈으로 나비 한 마리 날아든다
모양새며 색깔이며 며칠 전 떨어진 나무 이파리 같다

톡, 건드리니
두어 번 날갯죽지를 파닥인다

누워 있던 고양이가 어슬렁거리며 다가와
상처 입은 날개를
장난감 삼아 한낮의 무료함을 달랜다

비행을 잃어버린 작은 움직임
마른 풀내를 풍기며 마지막 온기를 내려놓던
저 위험한 불시착

간절한 날갯짓
부러지면서 끌어안은 날개의 내밀한 길을 향해
바람이 몰아쳤다

끊어진 허공이 풀밭의 품에 드는 시간
먼 길을 날아온 파닥임
고요해진다
시간이 흘러나오지 않도록
이 꿈과 저 꿈 사이를 꽁꽁 동여맨다

그저 두서없는 꿈 중 하나였을까

가벼워진다

빈 들

진눈깨비 맞으며 서 있는 저 허수아비

거둘 것 하나 없는 빈 들판에서

아무런 생각 없이 그저 흔들리고 있다

먼 길 날아온 해풍으로 버무린 곡식들의 달콤한 향

도랑물 쪽쪽 빨아들여 만든 단단한 콩꼬투리

뜨거운 태양 아래 우렁우렁했던

그 낮과 밤의 말씀들을 지우며

진눈깨비 내린다

자운영 피고 지던 논두렁에

아무 일 없다는 듯

새 떼, 날아오른다

안개는 끝나지 않았다

어느 날
세상 끝 어딘가에 도착해 있으리라 생각했지
꼴 베던 논둑길을 지나
바람의 언덕에서 피리를 불었네
한 소녀를 향한 연정이
스치고 지나갔던 어떤 풀밭은
잠시 누워 있는 동안 빨리 사라지고
어디만큼 왔을까
한참을 두리번거려도
돌아갈 수 있는 길은 보이지 않네
연밥 안에 자리 잡은 단단한 씨앗처럼
다만 햇빛 아래 익어가고 싶었는데
주점 담벼락에 쏟아내던 세상을 향한 울분 위로
흐느끼는 한 사람 보내고 주저앉아 울어버렸네
세상은 온통 안개에 덮여 있고
얼음꽃은 오랫동안 녹지 않았다네
컨베이어 벨트에 빨려든 친구의 손에는 늘
릴케의 시집 『두이노의 비가』가 들려 있었다네

목마름의 끝은 거기였냐고 묻고 싶은 밤이네
가득하고 싶던 삶은 텅 빈 채
끝나지 않은 그의 이야기
지금 어디쯤 표류해있는지

네모난 불안

좁은 철창 안
비슷한 처지들 웅크린 채 다닥다닥 붙어 있다
구석에는 찌그러진 물그릇과 빈 밥그릇

마당으로 트럭 한 대 들어오면
사각의 공간에 질척하게 녹아 있는 공포가 고개를 든다

선택의 간격은 일정하지 않았다
한 마리 빠져나간 자리
흘리고 간 비명을 다른 놈이 깔고 앉았다

죽음을 향해 굴러나가는 트럭 소리
짧은 고요가 목을 조인다

햇살 한 자락 들어오지 않는 네모난 뜬장
뜨거운 공기조차 멈칫거린다

발치에 던져둔 흥분이
불안을 물어뜯기 시작한다

불안은 죽음을 아는 이들의 몫이다

폐장(閉場)

벽화 속 마이클 잭슨은
오늘도 차마 마음에 숨긴 노래를 부르지 못했다

버림받는다는 것은
햇살을 받아도 노래할 수 없다는 것

공룡의 등뼈를 타고 놀던 아이들의 웃음소리나
건전지를 갈아 끼워야 움직이는
몸통 없는 아랫도리를 슬쩍 밀면
마디게 걷던 시간이 오랜만에 환해지리라

팔 하나가 없어진 로봇
문 닫은 놀이공원의 정처 없는 질문과 답 사이에
서 있다

아무도 찾지 않는 언덕에 오늘도 꽃들은 피고 지고

멈춰선 바이킹 저 아래

날기 위한 것과 살기 위한 몸짓은 같은 무게로
사람의 길을 당기고 있다

찰칵, 해 질 무렵 용마랜드의 쓸쓸함이
카메라에 찍힌다

타이밍

다채롭고 흥미로운 삶의 이야기에 빠져
겨울 양식을 모으지 못했어요

바람의 행로를 따라
무작정 동쪽으로 달리고 싶었을 뿐인데
한 떼의 소나기구름이 몰려오고
지붕을 때리고 문을 마구 흔들어댔어요

세상에서 가장 무서운 것은
자신에게서 희망을 찾지 못할 때

이제는 먼 곳에서 오는 말씀에 귀를 기울여야 해요
카뮈가 사랑했다는 열 가지 단어 중
아홉 개를 기억해요
세계, 고뇌, 사막, 여름, 바다, 어머니,
사람들, 대지, 영예

뭔가를 잃어본 사람만이

펄펄 끓는 생의 분노에서 자유로울 수 있어요

시간은 달리는데
하늘의 꿈은 언제나 심을 수 있을까요

바람이 집을 짓는 날
먹이를 노리는 백로나 물총새처럼
돌아갈 타이밍

카뮈가 사랑한 마지막 단어를 만나기 전

실종

파도를 끌고 오는 바람의 앞섶에서
목젖을 다 열어도 소리 나지 않는
소리꾼의 슬픔이 밀려왔다

신혼 일 년을 채우지 못한 누이의 오열은
수평선 저쪽에서 문득 고요해졌다
펼치는 곳마다 오타가 나오는 책
목구멍에서 온종일 찢어진 문장이 쏟아졌다

먹이를 노리는 상어처럼
파도는 사나운 입을 벌리고 재빨리 이빨을 닫아버렸다

집어등 하나둘 깜박이며
밤을 건너온 고깃배들 속속 돌아오는데
물고기 떼를 따라
차라리 어디쯤 흘러가 섬이 되었기를

바위와 파도가 만나는 곳에

울음보다 더한 것이 남겨진 자의 몫이 된다

혼자 맞아야 할 누이의 긴 골목에
해당화는 무심하게 꽃의 문을 열고

파도에 온 생애를 엎드려 둥글어진 몽돌
제 몸 깎이는 소리

자그락자그락

성곽에 깃발은 펄럭이고

공산성을 걷는다

대숲을 지나온 바람이
공산정 가는 길을 가파르게 오르고
지나간 삶의 흔적들은
맥문동꽃 지천인 성벽을 따라 흐른다

백사장이 된 모래의 긴 시간을 뒤로하고
금강철교를 건너는 새 떼는
어디까지 날아가는지 가늠해본다

깃발의 펄럭임 속에서 지워진 이름

땅은 이름 없는 풀을 내지 않는다는데
이름을 불러주지 못한 들풀의 웅얼거림
그 속에서 내 이름을 불러본다

잘 견디어냈구나

멈춰선 햇살이
깃발 사이로 느리게 빠져나가고 있다

봄밤

새들은 복숭아밭으로 날아갔다

나도 따라갈 거
종종걸음으로 바삐 따라붙어도
구름은 점점 모퉁이 저쪽으로 멀어지고
모르는 척 걷던 무심한 나무의 말씀
사람은 단단해야 써

부스러진 기억의 조각들이 휘돌아나가고

언제 또 올 규
슬그머니 따라나서는 등걸의 물음

금방 올 거
무중력의 언어들이 앙상해진 나무에 출렁인다

신을 수 없는 신발 한 켤레
침상 아래 놓아두고

엄니
단단해야 써

새들은 복사꽃 사이로 후드득 날아갔다

피리 소리

소리가 온다
망고처럼 달콤하지 않고 파인애플처럼 새콤하지 않고
은은하게 소박하게 들꽃의 하루처럼 번지고 있다

소리의 방향이 달라진다
메콩강 기슭에서 시작하여
깜퐁참 작은 숙소에서 커지다가
프놈펜 변두리에서 멈춰섰다
달이 몇 번을 떠오르는 동안
붉은 개미 떼는 발밑을 맴돌았다

살아 있다는 것이
몸에 욱신거림으로 다가오는 시간
희미한 빛을 움켜쥐고 허망한 걸음을 옮긴다
아이의 까만 눈동자는 흐르다가 멈추다가
어딘가로 날아가고 있다

바람을 앞세워 나타난 스콜은 눅눅했다

긴 기다림에 비해 짧은 피리 소리
비와 바람 사이 통점처럼 살아나는 라단조 음률
하늘과 땅 가득 흐르고 있다

우기였는데 겨울바람이 휘몰아쳤고

나의 조카 수아는 어느 날
그렇게 사라지고 말았다

푸른 시간은 금세 지나가고

어떤 약속이나 희망 없이도
민들레 질경이 엉겅퀴 뒤엉켜
앞서거니 뒤서거니 피었다 지고
감나무 밤나무 고욤나무 주거니 받거니
저녁 밥상처럼 노을빛 가득 품었다

지루한 애인처럼 버리고 싶었던 오래된 집
마당 귀퉁이 반질반질하던 솥뚜껑 위로
적막이 모여든다

웃자란 아욱 순 뚝뚝 따 잘 익은 된장 풀어
두레밥상에 올려놓으면
몸속까지 따뜻함으로 환했던 시간

파란 철 대문 빛깔 다 사위고
웃음소리 빠져나간 평상

푸른 밥상을 마주하리라는 희망으로
녹슨 대문에 풀색 칠을 입힌다

멀리 예배당 종탑 위로 넘어가던 햇살
미몽처럼 오래도록 걸려 있다

가을이 쏟아진다

멀리서 보아야 잘 보이는 풍경
그 속으로 들어가
나도 하나의 풍경이 되었다

저마다의 생각에 잠긴 숲에서 빠져나와
오래된 나무 아래를 걷는다

새 떼가 철교를 가로질러 날아가고
금강 물빛의 떨림을 따라
내 가슴속에도 작은 파장이 인다

걸음을 멈추고
공산성 성벽에 귀를 대니
구절초의 낮은 소리가 들려온다

시든 꽃잎에 남아 있는 향기는 더 깊고 진하다

가느다란 꽃잎을 촘촘하게 펼치고
햇살 여무는 시간을 기다리다
어느새 서늘한 저녁이 되어버린

구절초 앞에서
쉬이 일어서지 못하는 무릎 위로
달빛이 내려앉는다

온 생애를 건 몸부림에
와르르, 가을이 쏟아진다

해설

비극(悲劇)의 명랑성과 비극(非劇)의 알레고리

나호열(시인, 문학평론가)

1.

오래전 고대 그리스인들은 비극(悲劇)을 통하여 삶의 애환을 정화하였다고 한다. 연극(비극)을 통하여 관중은 자신이 처한 상황과 연극에 등장하는 인물들이 겪고 있는 사건을 동일시하면서 자연스럽게 억눌린 감정을 배설하게 됨으로써 새로운 삶의 에너지를 얻게 되었던 것이다. 어쨌든 비극은 개연성을 지닌 허구의 세계이다. 그러나 비극은 허구의 세계임과 동시에 우리의 삶이 해피엔딩이 아닌 비극(현실)임을 각성하게 한다. 이 세상의 모든 존재가 언젠가는 반드시 소멸한다는 점과 그 누구도 소멸하는 존재가 되기를 바라지 않는다는 점에서 비극은 멀리 있는 환상이 아니라, 누구나 한번은 묻게 되는 존재의 의미에 정답을 내놓아야 하는 엄정한 현실임을 느끼게 되는 것이다. '나는 무엇인가?'와 같은 생물

학적 존재에 대한 질문으로부터, '나는 누구인가?' 와 같은 사회적 동물로서의 존재에 대한 질문에 이르기까지 의식의 내부에 잠재해 있는 죽음과 같은 소멸에 대한 공포와 불안을 극복하거나 더 나아가 초월하고자 하는 욕망은 지금도 여전히 작동하고 있는 슬픔일지도 모른다. 그래서 문학의 기능이 훈화(訓話)와 억눌린 감정의 배설(排泄)에 있다고 한 것도 이와 같은 맥락에서 이해할 수 있을 것이다. 흔히 말하는 세계의 자아화나 자아의 세계화를 어느 특정 장르의 특징(시와 수필을 가르는)으로 가름하는 것은 타당해 보이지는 않지만 시의 특성이 주관적 감성의 발화를 통하여 우리의 삶을 둘러싸고 있는 공포와 불안한 세계를 자아화한다는 점을 유의할 필요는 있다. 조하은 시인의 첫 시집 『얼마간은 불량하게』는 이러한 불편하고 부조리한 세계에 대한 자아의 기록이다. 연극이면서 연극이 아닌 생(生), 아리스토텔레스가 설파한 고통과 연민의 세계를 응시하는 고백인 것이다.

2.

시집 『얼마간은 불량하게』는 크게 보아 두 개의 축으로 이루어져 있다. 조심스럽게 시인 자신이라 짐작되는 '나'라는 화자가 끌고 가는 이야기와, 등장하는 인물들이 화자의 객관적 묘사에 의해 일반화되는 경우로서 이 두 축을 가로지르는 시간에 대한 시인의 일관된 관점이 펼쳐져 있음을 주목하게 된다. "버림받는다는 것은/햇살을 받아도 노래할 수 없다는 것"(「폐장」), "세상에서 가장 무서운 것은/자신에게서 희망을 찾지 못할 때"(「타이밍」), "불안은 죽음을 아는 이들의 몫이다"(「네모난 불안」)와 같은 단호한 언명은 시간을 경유하며 체험된 시인의 정언명령(定言命令)이라 생각된다. 미래에 대한 달콤한 희망이나 '꽃보다 사람이 아름답다'와 같은 이미 상식화된 인식은 시인에게는 보류되어야 마땅한, 더 나아가 유토피아는 항상 흘러가버린 과거에 있거나 아예 없음을 체득한 확고한 신념으로서 『얼마간은 불량하게』에 농축되어 있다고 볼 수 있는 것이다.

> 가장 뾰족한 시간을 넘었다 생각했는데
> 시간은 넘는 것이 아니라
> 어쩌면 나무처럼 몸에 새기는 것이었는지도
> ―「시간의 경계에서」 부분

위에 예시된 바와 같이 시인이 소환한 시간은 흘러가서 사라지는 것이 아니라 몸에 새겨져 있고, 그리하여 시인의 의식 형성에 영향을 미친 사람들이나 사건은 시시때때로 슬픔이나 분노를 일으키기에 충분한 부조리한 삶의 양식으로 나타난다. 「첫눈」이라는 시를 읽어보자.

육성회비 봉투를 비어 있는 채로 들고 간 날
등을 떠민 담임선생님은
빈 봉투 대신 들고 온 날고구마로
내 머리통을 후려쳤다

빈 봉투와 생고구마가 날아오르던 교실에는
숨소리조차 들리지 않았다

의자를 들고 벌을 섰다

미열이 온몸으로 흘러들어와 마구 돌아다녔다
헛것이 보였다
운동장 귀퉁이 사시나무도 시름시름 앓았다
달아오르는 날이었다

창밖에는
첫눈이 내리고 있었다

—「첫눈」 전문

위의 시 「첫눈」에는 '첫눈'이 가져오는 순결한 이미지나 달콤한 낭만은 없다. 이 시에서는 유쾌하지 않은 과거가 불청객으로 찾아온 정황을 보여준다. 가치가 전복되는 혼란한 풍경으로 되새김질 된다는 말이다. 오늘날에는 도저히 납득되지 않는 일들이 벌어지고 있는 교실을 떠올려보자. 한없이 학생들에게 자애롭고, 매사에 모범인 선생님은 간데없고 육성회비를 고구마로 대신 가지고 온 어린 학생에게 폭력을 휘두르고 벌을 세우는 풍경. 그러나 이 '선생님'은 어린 학생에게는 갑이면서, 교무실에서는 육성회비 납부율이 저조하여 윗사람에게 지적당하는 소심한 을이기도 하다. 시 「그렇게 배웠다」에서 그 선생님은 "숙자 엄마가 싸다 준 거한 저녁 식사에 배부"르고 점수를 조작하는 비열함도 있으나 또 하나의 을인 화자는 중간고사에 일등함으로써 그 비열함을 이긴다. 「첫눈」이나 「그렇게 배웠다」에 등장하는 '선생'의 비루함이 보여주는 세속적 욕망과 그에 대응하는 "복수란 단어의 뜻을 그렇게 배웠다"는 고백은 삶의 질곡에 순응하는 운명론적 관점이 아닌 비극 그 자체로서의 삶을 희롱하는 힘을 키운 내력이라고 생각되는 것이다.

    어쩌면 세상은
    두 눈 감을 때 품고 갈 마지막 이름과
    지우고 싶은 시간 속에 있는 사람 사이의 전쟁

—「시간의 경계에서」 부분

  시인에게 시간은 자신의 자아를 확장시키는 교과서이다. 흘러가고 사라지는 시간이 아니라 의식의 내면에 옹이로 들어와 박히면서 되새김질 되는 시간은 "채울 수 없는 것을 채우기 위해/우리는 오늘도 어딘가를 지나"(「시간의 다큐」)는 길이고, "눈을 감아야 보이는 것들이//돋아나"는 "문 닫는 눈물 공장"(「비문증」)이기도 하다. '비극 그 자체로서의 삶을 희롱하는 힘'은 다른 말로 바꾸면 사랑과 증오가 교차하는 시간을 도색잡지를 몰래 훔쳐보듯이 "얼마간은 불량하게" 사는 것이다. 부조리하고 슬픈 세상을 잊어버리려 하거나 애써 극복하려 하기보다는 부조리와 슬픔 자체를 즐기는 것은 어떠하겠는가. 되돌아갈 수도, 삭제할 수도 없는 생의 비루함과 낭패감은 누구나 감추고 싶지만 이미 드러난 비밀이다. 그래서 시인은 이렇게 술회한다.

    내가 아는 나의 죄와

    당신이 아는 나의 죄와

    내가 모르는 나의 죄와

    당신이 모르는 나의 죄마저

    낱낱이 꺼내놓는 밤

백스페이스키와 삭제키가 없는 자판 위
  어딘가를 지나고 있다

  버그다
                                —「자화상」 전문

 하찮은 벌레(bug)이거나 뜻대로 제어되지 않은 삶의 오류를 또 어찌하겠느냐마는 이 자조(自嘲)를 자조 자체에 함몰시키지 않고 자신과 무관하거나 아주 가까운 이들의 삶을 바라보면서 즐거운 고행을 거듭하는 도약대로 삼는 시들을 만나게 된다.

 3.
 그리하여 『얼마간은 불량하게』의 얼개를 이루는 또 하나의 축은 서사를 통해 삶의 보편적 양식을 되짚어보는 것이다. 이 서사에 등장하는 인물들은 화자에 의해 객관적으로 묘사되면서 시인이 말하고자 하는 연극 같은 삶(비극)과 연극이 아닌 초현실적인 비극을 일반화하는 주인공이 된다. 연극 같고, 연극보다 더 극적인 주인공의 삶은 어김없이 일그러지고 소외되며, 이 세상의 변방으로 밀려가는, 한마디로 패자들이다. 서울을 헤매다가 구례 삼동마을까지 내려간 봉성피자집 봉성씨(「산수유피자」), 장사가 잘되면 임대료가 오를까 아래층 식당에서 밥을 먹지 않는 소심한 책방 주인(「문래동 골목」), 땅 열 마지기 사는 데 십 년이 걸린 아버지(「지게」), 회사를 도둑맞고 알거지 신세가 된 그(「짝 찾기」), 마지막 집세와 공과금을 내놓고 정말 죄송하다고 죽은 송파 세 모녀(「정말 죄송합니다」), 억(億) 소리 나던 기계 팔고 삼십만 원짜리 중고 재봉틀을 들여놓은 면목동 언니(「면목동 언니」) 등, 시인의 눈에 비친 이웃들은 스스로 알지 못한 생의 정점에서 가차 없이 추락한 사람들이다. 죄를 짓지 않았는데도, 열심히 살고 남을 해친 적도 없었는데도 가난과 고통의 나락에 떨어진 그들의 삶은 정말 가치 없는 무의미한 삶이었을까? 우리의 삶이 버그(bug)로 점철되었다 하더라도 그런 이유로 삶을 능멸하는 것이 과연 옳은 일일까?

아버지는 아침과 저녁에 논두렁을 한 바퀴씩 돌았다

아버지의 사계절은
바다에서 막 증발된 육각형의 소금꽃이 피고
소금꽃은 논밭에 박혀 어석거렸다

땅문서를 꼭 쥐고

숨이 차도록 뛰어오던 날
초가지붕도 덩달아 들썩거렸다

빠진 어금니에 드나들던 바람이 먼 길을 떠나고
주인 없는 못자리
끝내 영글지 못한 낟알들은
물색없이 헛발질만 해댔다

아버지의 생이 고스란히 담긴 누런 종이 몇 장
남의 손에 넘겨주고 돌아서는데
폭설이 내려
길이 막힌다는 뉴스가 무심하게 흘러나온다

두만강 푸른 물에 노 젓는 뱃사공
아버지가 즐겨 듣던 옛 노래를 틀어놓고
그 물살에 어딘가로 한없이 흘러가고 있다
—「폭설」 전문

「폭설」은 「지게」와 짝을 이루는 시이다. "삼십 리 길 나뭇짐 져 날라/부잣집 땔감 다 대던 아버지/땅 열 마지기 사는 데/십 년이 걸"(「지게」)린 아버지를 회상하면서 이제는 농부가 될 수도 없고, 쓸모가 없어진 그 땅을 팔고 돌아가는 자식의 하루를 그리고 있다. 힘들게 가족의 부양을 위해 일생을 땅과 함께했던 아버지의 노고는 과연 부질없는 것이었을까? 또 아버지의 일생의 땀이 가득한 논을 팔아야 하는 자식의 결정은 잘못된 일일까? 우리가 이 시에서 읽어야 할 것은 단순한 회고가 아니라 우리의 삶이 양가적(兩價的) 층위를 지닌 것임을 내비치고 있다는 점일 것이다. 삶은 비루하고, 시간은 상처를 주며 영영 지나가는 듯하지만 어느새 그 시간은 슬그머니 의식 속에 옹이로 박혀 있다. 그러나 『얼마간은 불량하게』를 관통하는 이와 같이 부질없는 슬픔은 우리 모두의 마땅한 삶의 양식이다. 부질없어 슬픈 삶을 어쩔 수 없이 수동적으로 받아들이는 것이 아니라 그 슬픔을 우리 모두가 마땅히 삶의 양식으로 수용하고자 하는 태도로 전환될 때 비극은 명랑성(明朗性)을 획득하게 된다. 한마디로 행복/불행, 기쁨/슬픔 등과 같은 이분법적 사유는 '행복의 질량은 불행의 질량보다 적고, 기쁨의 순간보다 슬픔의 시간은 길다.'는 삶의 요의를 깨달을 때 비로소 비극적 삶은 능동적인 명랑성으로 치환될 수 있는 것이다. '피할 수 없으면 즐기라!'는 누구나 쉽게 말할 수 있으나 절망의 순간을 맞이했을 때 쉽게 잊어버리는 말이기도 하다. 새로운 전망이 없는 삶은 지루하지만 우리의 삶이란 하염없이 신기루를 향하여 걸어가는 것이라 받아들이자고 『얼마간은 불량하게』의 많은 시편들은 우리를 불량하게 이끈다.

4.
 그렇다고 해서 조하은 시인의 시편을 숙명론의 관점으로 치우쳐 받아들이는 것은 곤란하다. 이미 예정되어 있는 운명에 순종해야 한다는 숙명론과는 달리 조하은 시인의 인생관은 내면에 측은지심(惻隱之心)의 서정적 자아를 잊지 않고 있다는 점을 간과해서는 안 된다. 이 글의 앞에서 언급한 패자들을 다시 상기해보자. 그들은 남을 해치면서 자신들의 세속적 욕망을 채우려 한 사람들이 아니다. 그들은 열심히 자신들의 삶을 꽃밭으로 일구고자 하는 소박한 꿈을 가꾸던 사람들이었다. 시 「수아」의 몇 구절을 읽어보자.

> 그는 잠을 자지 않았다
> 벽에 비스듬히 기대앉아 창밖을 바라보거나
> 복도로 나가는 출입문의 열쇠 구멍을
> 오래 들여다보았다
> 잠을 자는 듯 깨어 있는 듯
> 자장가 한 구절을 웅얼거리고 있다

(중략)

기다림을 넘어 계절은 지나가고
입원 차트가 두꺼워지는 속도로
환자복은 점점 헐렁해지고 있다

―「수아」 부분

 위의 시와 연관된 「수아꽃」, 「이별 후기」 등을 통해 추측하건대, 수아의 아버지는 병원에 입원해 있고 수아와 수아의 외국인 어머니는 어디론가 잠적해버린 상태이다. 아마도 예상하지 못한 가족의 잠적으로 아버지는 실의에 빠져 있는 상황이 이 시가 보여주고 있는 전부이다. 그러나 이 시가 궁극적으로 말하고자 하는 의미는 이 시의 배후를 살펴보아야 드러난다. 현상 너머에 있는 불편한 사실이 있음에도 우리가 굳이 외면하고 있는 불편하고 일그러진 국제결혼으로 파생되는 문제를 던져주는 것이다. 언제부터인가 번지르르한 '다문화 가정'이라는 용어가 등장하더니 우리 농어촌의 남자들은 짝을 먼 이국의 여성들을 찾아야 하는 난경에 처하게 되었다. 언어가 다르고 문화가 다르고 짝으로 맺기엔 나이차가 나는 사람들이 가족의 인연을 맺기가 그리 쉬운가. 아마도 수아네 집도 그런 가족 중의 하나다. 원치 않은 이별로

병을 얻은 한 남자의 애달픔이 이 시의 주조를 이루고 있다. 이 풍경 속에는 아직도 도시에 비해 경제적 풍요를 맞이하지 못하는 농어촌의 현실이다. 또한 우리나라보다 못 사는 나라에서 날아온 여인들이 겪는 외로움과 소외를 다문화라는 그럴듯한 이름으로 포장해버리는 터무니없는 생각들을 부끄러워해야 하는 고발의 시로 읽어야 마땅한 것이다. 이와같이 나의 일이 아니라는 이유로 외면해 버리는 부조리한 문제들이 얼마나 많은가? 조하은 시인이 시로 드러내고자 하는 부조리는 삶의 근원적 비극성을 강조하면서 동시에 그 비극 앞에 비겁한 침묵으로 일관하는 다중(多衆)의 속성을 아프게 각성하는 데 있다. 일례로 「침묵의 카르텔」이나 「침묵의 카르텔 부록」은 요즘 한창 인구에 회자되는 성폭력의 문제를 우화(寓話)하고 있다. 이성의 힘을 흔들리는 잣대와 필요에 따라 침묵하고 각주구검(刻舟求劍)으로 합리화하며 분기탱천(憤氣撑天)하는 모습들은 얼마나 우스꽝스러운가! "이제 동행이란 말을 사전에서 지운다"(「동행」)는 시인의 절규는 골목의 사내로 명명된 다수의 폭력에 의해 "아비가 누구였는지는/아무도 이야기하지 않았다"(「침묵의 카르텔」)는 비겁한 다수에 대한 소심한 응징일 수도 있다. 그러나 조하은 시인의 시들은 갑과 을, 가해와 피해의 거리를 이분법적으로 가늠하지 않으며 분노와 증오를

강조하지도 않는다는 점에서 주의를 요한다.

> 좁은 철창 안
> 비슷한 처지들 웅크린 채 다닥다닥 붙어 있다
> 구석에는 찌그러진 물그릇과 빈 밥그릇
>
> (중략)
>
> 발치에 던져둔 흥분이
> 불안을 물어뜯기 시작한다
>
> 불안은 죽음을 아는 이들의 몫이다
> ―「네모난 불안」 부분

　위의 시는 도살을 기다리는 개들의 이야기이다. 조금만 더 생각해보면 이 개들을 사람으로 바꾸어도 전혀 어색하지 않다. 세상이라는 울타리 안에서 말뜻 그대로 이전투구(泥田鬪狗)하는 우리의 삶을 쉽게 오버랩 시킬 수 있다. 돌이켜보면 자신의 의지와는 상관없이 발치에 던져둔 흥분이라는 욕망 때문에 우리는 큰 불안을 견디며 하루하루를 힘들게 넘어가고 있는 것은 아닌가? 미물인 개가 그러할진대 죽음을 아는 불안한 존재인 인간은 가해자이든 피해자이든, 선인이든, 악인이든 모두 측은의 대상일 수밖에 없지 않겠는가. 이런 점에서 조하은 시인이 펼쳐놓은 『얼마간은 불량하게』는 한 편의 알레고리로 완성된다. 이 말을 부연하면 『얼마간은 불량하게』에 제시된 서사들이 보여주는 삶의 비극성을 우화로 읽을 때, 비로소 새살로 돋아오르는 사람의 부끄러움을 각성하게 될 것이다. 투쟁이나 초극이 아닌, 너와 나 사이에 놓여 있는 자연의 명랑함을 깨닫게 된다면 이 시집을 읽는 즐거움은 배가될 것이라 믿는다. 그런 점에서 미처 이 글에서 다루지 못한 「빈들」이나 「그래도 날아야지」, 「봄밤」 같은 서정 가득한 시들이 품은 자연이 앞으로 시인이 가꾸어야 할 또 하나의 터전이 될 것임이 분명하다. 그런 첫 출발을 시인은 이미 넌지시 우리에게 선물로 내어주었다.

    이왕이면 고운 말들만 골라서 알려줄게
    꽃이라든지
    별이라든지
    꿈이라든지
    날개라든지

    이왕이면 고운 소리들만 골라서 들려줄게

쿵쿵 심장이 뛰는 소리
까르르 웃는 아이들 웃음소리
사랑하는 사람의 이름을 싣고 달리는 기차 소리

스스로 찾아낸 언어의 조각들이
가슴에 스며드는 순간
새를, 푸른 하늘을, 싱싱한 바람을
너의 가슴에 빠뜨려보렴

따뜻한 햇살을 한 올 한 올 풀어
빛의 문장을 만들어보렴

세상의 문을 열고 나온 너에게
가슴에 담아놓은 둥근 보름달을 꺼내줄게

사월 들판에 나들이 나온 아지랑이 같은 너
─「아이에게」 전문

시인의 말

비바람이 몰아쳤다

걷다가 힘들면 멈출 수도 있다는 걸
넘어지고 나서야 깨달았다

차오르는 문장을 달래가며
바람에 맞선 내 걸음을 내놓는다

살아 있어 참 다행이다

2020년 여름
조하은

얼마간은 불량하게

2020년 9월 3일 초판 1쇄 펴냄

지은이 _ 조하은
펴낸이 _ 양문규
펴낸곳 _ 詩와에세이

신고번호 _ 제2017-000025호
주　　소 _ (30018)세종특별자치시 조치원읍 돌마루5길 2, 104호
대표전화 _ (044)863-7652, 070-8877-7653
팩시밀리 _ 0505-116-7653
휴대전화 _ 010-5355-7565
전자우편 _ sie2005@naver.com
공 급 처 _ 한국출판협동조합
주문전화 _ (02)716-5616
팩시밀리 _ (031)944-8234~6

ⓒ조하은, 2020
ISBN 979-11-86111-83-3 (03810)

* 지은이와 협의하여 인지는 생략합니다.
* 이 책 내용의 전부 또는 일부를 재사용하려면 반드시 지은이와
  詩와에세이 양측의 동의를 받아야 합니다.
* 책값은 뒤표지에 표시되어 있습니다.

이 도서의 국립중앙도서관 출판예정도서목록(CIP)은 서지정보유통지원시스템 홈페이지(http://seoji.nl.go.kr)와 국가자료종합목록 구축시스템(http://kolis-net.nl.go.kr)에서 이용하실 수 있습니다. (CIP제어번호 : CIP2020034505)